熊本城復《ふっ》活《かつ》大作戦

地震《じしん》から二十年かけて進む道のり

佐和みずえ

解説・熊本城総合事務所
網田 龍生

くもん出版

熊本城復活《ふっかつ》大作戦…………目次

はじめに

銀色のしゃちほこ……12
激震《げきしん》起こる！……14
名城　熊本城……16

第一章　熊本地震《じしん》

歴史が大好き……19
震度《しんど》七……22
熊本城の被害調査《ひがいちょうさ》……24
ふたたび震度七……27

第二章　日本の城の歴史

城の数は？……33
古くからあった城……34
城づくりの再開《さいかい》……36
安土城《あづちじょう》……38
天守閣《てんしゅかく》とやぐら……39

今も傷《きず》つく城 …… 40

第三章　熊本城大解剖《だいかいぼう》

基本《きほん》データ …… 42
熊本城の歴史 …… 45
清正流石垣《きよまさりゅういしがき》 …… 47
西南《せいなん》戦争 …… 48

第四章　修復《しゅうふく》作業始まる

くずれた石垣 …… 51
そこまでするのか …… 55
四百年ぶりにあらわれた観音様《かんのんさま》 …… 59
本格的《ほんかくてき》な作業に向けて …… 61

第五章　熊本城復活《ふっかつ》大作戦・二〇一七年

修復開始 …… 63
ボランティアガイドの活躍《かつやく》 …… 67

美しい音色……70
熊本城の今を伝える……72
宇土《うと》やぐらと飯田丸五階《いいだまるごかい》やぐら……75
工夫《くふう》をこらす……79
しゃちほこづくりの職人《しょくにん》……81
講座《こうざ》で話す……83

第六章　熊本城復活《ふっかつ》大作戦・二〇一八年

小天守《しょうてんしゅ》と大天守《だいてんしゅ》……85
行幸坂《みゆきざか》の開放……87
城に魂《たましい》を入れる……88
積みなおしの数……89
文化財《ぶんかざい》と防災《ぼうさい》……90
わたしの役割《やくわり》……92

第七章　熊本城復活大作戦・二〇一九年

特別公開に向けて……95

さまざまな調査《ちょうさ》……96
いざ、開門……99
工事しながらの公開……102
解説《かいせつ》――熊本城を未来に残していくということ……106
熊本城総合事務所《そうごうじむしょ》所長　網田龍生《あみたたつお》
写真提供・おもな参考文献……111

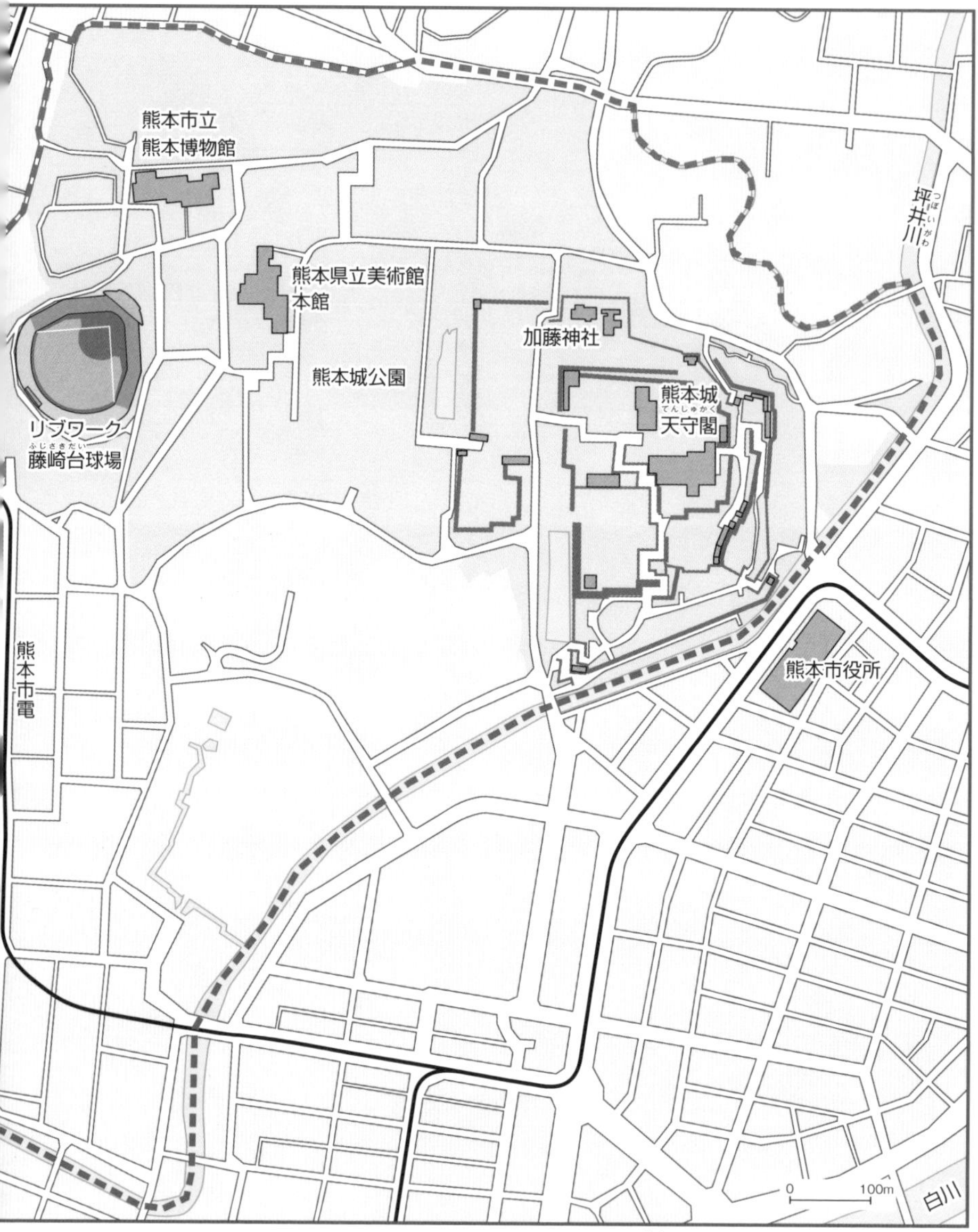

赤い点線のなかが熊本城の範囲《はんい》

熊本市
西区
東区
中央区
南区
嘉島町
熊本県
九州新幹線

熊本城復《ふっ》活《かつ》大作戦

地《じ》震《しん》から二十年かけて進む道のり

はじめに

銀色のしゃちほこ

二〇一八年四月二十八日。

真っ青な熊本城の空に向けて、クレーン車が、するするとアームをのばしていきます。

その先には、銀色に光るしゃちほこがつりさげられています。しゃちほこは、頭は虎《とら》、体は魚の形をした想像上《そうぞうじょう》の生き物で、屋根の最上部の両端《りょうはし》に取りつけられるかざりです。漢字では「鯱」と書き

大天守《だいてんしゅ》の屋根にのせられるしゃちほこ

ます。

この日は、熊本城のシンボルともいえる天守《てんしゅ》閣《かく》の大天守のしゃちほこが、屋根の上にのせられる日なのです。城内の二の丸広場では、観光客はもとより、たくさんの熊本県民が顔をあげて、設置《せっち》作業を見守りました。

「おおっ！」

人びとのあいだから、どよめきがわきあがりました。心に、誇《ほこ》りと希望がよみがえった瞬間《しゅんかん》でした。

そのなかに、ヘルメットをかぶり、作業服に身をつつんで、作業を見守る男の人の姿《すがた》がありました。ひときわ熱いまなざしを、クレーンの先に注いでいます。

しゃちほこがのせられるようすを見守る人たち

（よし。まずは、ここまで来た……！）

空に向けた顔は、満足げにほほえんでいました。

激震《げきしん》起こる！

この日からさかのぼること、およそ二年。二〇一六年四月十四日午後九時二十六分のことです。

多くの人がテレビを見たり、おふろに入ったりして一日の疲《つか》れをいやしているときに、熊本県や大分県を、はげしい揺《ゆ》れがおそいました。熊本地震《じしん》です。

熊本市の東にある益城町《ましきまち》では、気象庁《きしょうちょう》の震度《しんど》階級でもっとも大きい震度七を観測《かんそく》しました。家のなかでは大きな音をたてて家具が倒《たお》れ、窓《まど》ガラスが割《わ》れ、屋根から瓦《かわら》が落ちました。

さらに大きな地震が、四月十六日に日付が変わった夜中に起こりました。もっとも揺れの大きかった益城町、そのとなりの西原村《にしはらむら》などでは、数多くの家が倒れました。

地震はその後も、震度六強、六弱といった大きさでおそいつづけました。七月十九日までに、震度六以上の地震が計七回。これは、熊本地震のような直下型《ちょっかがた》地震にかぎれば、一九九五年に阪神《はんしん》・淡路大震災《あわじだいしんさい》を引きおこした兵庫県南部地震以降《いこう》で、もっとも多い数字です。

倒れた家の下敷《したじ》きになったり、土砂《どしゃ》くずれに巻《ま》きこまれたり、慣《な》れない避難《ひなん》生活によるストレスや、持病の悪化などで亡《な》くなった人は、二〇一九年四月十四日の時点で二七三人とされています。なんとも、いたましい数字です。

建物もたくさんの被害《ひがい》を受け、同じ時点で、全壊《ぜんかい》、半壊、一部破損《はそん》した住宅《じゅうたく》は、合計で一九万八千二四三棟《とう》にのぼります。

建物の被害は、住宅ばかりではありません。病院や幼稚園《ようちえん》、小学校、体育館なども、壊《こわ》れたり、傾《かたむ》いたりしました。

そのなかで、もっとも大きくニュースで報《ほう》じられたのは、熊本県の顔ともいうべき熊本城でした。

名城　熊本城

熊本城は、日本の特別史跡《しせき》と重要文化財《ぶんかざい》に指定されています。日本の名城の一つです。

堀《ほり》や石垣《いしがき》をどのように築《きず》くか、城の中心ともいえる天守閣《てんしゅかく》をどこに建てるか、防御《ぼうぎょ》に使うやぐらや通路はどういう形にして、どこに配置するか。こういった城全体の設計《せっけい》を縄張《なわば》りといいますが、この縄張りの複雑《ふくざつ》さと、そびえるようにつくられた壮大《そうだい》な石垣を見るだけで、熊本城が名城とよばれる理由がわかります。

その城が、大きく被災《ひさい》したのです。

熊本市役所から撮影《さつえい》した熊本城

姫路城《ひめじじょう》（兵庫県）、名古屋城《なごやじょう》（愛知県）とともに、日本の三名城ともよばれる熊本城。明治《めいじ》時代の一八七七年に起きた西南《せいなん》戦争ではげしく攻《せ》められても落ちなかった、この難攻《なんこう》不落の城をなんとか修復《しゅうふく》し、もとの美しさを取りもどしたい。たくさんの人が、そう考えました。

　そのなかのひとりが、しゃちほこの設置《せっち》作業を見守っていた作業服の人、網田龍生《あみたたつお》さんです。網田さんは、熊本市の文化財専《せん》門職員《もんしょくいん》。専門は日本考古学。地震《じしん》が起きた当時は熊本城調査《ちょうさ》研究センターの副所長でしたが、今は熊本城総合事務所《そうごうじむしょ》所長を務《つと》めています。

ふさがってしまった天守閣《てんしゅかく》への通路

「最初の大きな地震《じしん》が起きたのが昼だったらと思うと、ぞっとします。熊本城には、国内はもとより、海外からもたくさんの観光客が来ています。ですから、昼に地震が起きていたら、どのくらいの人が巻《ま》きこまれて亡《な》くなっていたか、見当もつきません」

あちこちにシートがかけられた熊本城を、フェンスの外側から見て歩きながら、網田《あみた》さんが言いました。

ほんとうに、そのとおりです。

さて、この本では網田さんに、熊本城が地震で受けた被害《ひがい》や、地震後に修復《しゅうふく》がどんな計画で、どのように進んでいるのかを案内してもらいましょう。

第一章　熊本地《じ》震《しん》

歴史が大好き

熊本城総合事務所《そうごうじむしょ》所長を務《つと》める、網田龍生《あみたたつお》です。

小学生のころは、家の裏山《うらやま》へ化石を拾いにいくのが大好きな子どもでした。拾ったのは、おもに巻《ま》き貝《がい》の化石です。

当時、福岡県北九州市《きたきゅうしゅうし》小倉《こくら》南区の上徳力《かみとくりき》という町に住んでいて、宅地造成中《たくちぞうせいちゅう》の裏山にはエ事用のブルドーザーなどの重機が置いてあり、入ってはいけない場所でした。それにもかかわらず、よくそこに行っていました。

この本の案内役、網田龍生《あみたたつお》さん

あるとき担任《たんにん》の先生が、たくさん化石を集めていたわたしに、

「そんなに化石が好きなら、将来《しょうらい》は考古学者《こうこがくしゃ》になれば？」

と、言いました。

じつは、先生はまちがえていたのです。みなさんは、わかりますか？　化石の勉強をしたいなら、考古学ではなく、地学を学ばないといけないからです。

ちょっと、むずかしいですね。人類が誕生《たんじょう》してからの歴史を調べ、研究するのが考古学。その前からの地球の歴史をあつかうのが地学。化石ができたのは人類誕生の前だから、地学で学びます。恐竜《きょうりゅう》の化石の研究も、地学や古生物学です。

ともかくわたしは、熊本大学文学部史学科に進み、考古学を学ぶことになりました。わたし自身がまちがいに気づいたのは、そのあとでした。それでも、歴史も好きだったから、それほどショックではありませんでした。

大学では考古学の実習があり、実際《じっさい》に遺跡《いせき》の発掘調査《はっくつちょうさ》をします。その場所が鹿児島県の奄美群島《あまみぐんとう》だったので、二年のときは徳之島《とくのしま》、三年のときは喜界島《きかいしま》、四年のときは沖永《おきのえ》良部島《らぶじま》に行きました。そこでは貝塚《かいづか》や、昔の人が住んでいた集落の跡《あと》などを発掘しました。

それ以外でもアルバイトで、熊本県や熊本市がおこなっている発掘調査の現場《げんば》で、住居跡《きょあと》や土器《どき》の図面をかいたりしました。とくに、夏の酷暑《こくしょ》のなかでの作業はたいへんでした。でも、楽しくて、つらいと思ったことはありません。

卒業論文《ろんぶん》では、縄文《じょうもん》時代について調べ、書きました。

わたしが卒業するころは世の中の景気がよく、民間の会社からいくつも就職《しゅうしょく》のさそいがありました。でもわたしは、歴史に関係する仕事につきたかったのです。そこで、考古学の経験《けいけん》がある人を文化財専門《ぶんかざいせんもん》職員として募集《ぼしゅう》していた、熊本市役所の採用《さいよう》試験を受けました。

昔の人たちがどのようにくらしていたか、どんなことが起こったのかなどを知る手がかりが、今日まで残されてきた遺跡、すなわち文化財です。文化財は一度失われてしまうと、手がかりがなくなってしまうわけだから、わたしたちは歴史を知ることができなくなってしまいます。だから、みんなで守らなければならない大切なものなのです。

たとえば、佐賀県の吉野ヶ里《よしのがり》遺跡や大阪府の大仙古墳《だいせんこふん》（仁徳陵《にんとくりょう》）、奈良県の法隆寺《ほうりゅうじ》などをはじめ、みなさんも社会科の教科書で見たことがあるでしょう。今も残っているからこそ、そこからいろいろなことがわかるのです。

震度《しんど》七

二〇一六年四月十四日午後九時。わたしはいつものように仕事を終えて家に帰り、ゆったりと夕食を楽しんでいました。

時計の針《はり》が二十六分をさしたときです。ふいにドーンと大きな音がして、下から突《つ》きあげられるような揺《ゆ》れがきました。

直下型《ちょっかがた》の地震《じしん》だと、わたしにはすぐにわかりました。体が飛びあがるようなはげしい縦《たて》揺れが続くなか、携帯《けいたい》電話の緊急《きんきゅう》アラームが遅《おく》れて鳴りひびきました。やがて、大きな横揺れに変わりました。ガシャンガシャンと、家じゅうで大きな音がひびいています。

「だいじょうぶか!?　外にとびだすな！　じっとしていろよ！」

こわがる家族に声をかけて、わたしは揺れが収《おさ》まるのを待ちました。

二〇一一年三月十一日に発生した東北地方太平洋沖地震が引きおこした東日本大震災《だいしんさい》

以後、わたしの家では食器だなを壁《かべ》に固定していたので、倒《たお》れることはありませんでした。でも、本だなやたんす、テレビなどは倒れ、なかのものが飛びだして、足の踏《ふ》み場《ば》もないほどでした。

まずわたしは、熊本城調査《ちょうさ》研究センターの職員《しょくいん》の安否《あんぴ》を確認《かくにん》しようとしましたが、すでに電話がほとんどつながらない状態《じょうたい》でした。

「気をつけて」

市役所に向かうため着替《きが》えるわたしに、妻《つま》が言いました。

「いつ帰れるか、わからない。あとはよろしく」

わたしはそう答えると、自転車に乗って市役所に向かいました。

ようやく市役所に着くと、エレベーターが止まっていたので、八階まで階段《かいだん》をあがりました。階段の横の壁は割《わ》れていました。あがる途中《とちゅう》で、エレベーターに閉《と》じこめられていた職員を救出《きゅうしゅつ》したとの放送が流れ、おどろきました。

八階に着いて、ライトアップされた天守閣《てんしゅかく》の屋根から瓦《かわら》が落ち、土けむりがあがっているのが見えた瞬間《しゅんかん》、わたしはぼうぜんとしました。

（たいへんなことになった！）
天守閣《てんしゅかく》を見つめ、立ちつくすしかないほどの衝撃《しょうげき》でした。
熊本城調査《ちょうさ》研究センターの職員《しょくいん》の無事を報告《ほうこく》し、すぐに熊本城へ向かいました。

熊本城の被害調査《ひがいちょうさ》

熊本城に着くと、くずれた石垣《いしがき》が道路にも転がっていました。はげしい余震《よしん》が続くなか、手分けして交通誘導《ゆうどう》したり、危険《きけん》な場所に人が立ちいらないよう封鎖《ふうさ》することを急ぎました。

暗いうちから市民や、地震被害《じしんひがい》の状況《じょうきょう》を

くずれた石垣《いしがき》

報道するマスコミがつめかけたので、その対応《たいおう》にも追われました。

夜が明けると、上空から被害のようすを取材しているヘリコプターの音がひびくなか、熊本城調査研究センターの職員は、被害の状況を調べはじめました。文化財《ぶんかざい》のことを受けもつ、国の機関である文化庁《ぶんかちょう》や県の教育委員会に報告するためです。

変わりはてた建物やくずれた石垣が、映画《えいが》でも見るようにわたしの瞳《ひとみ》に迫《せま》りました。

天守閣の大天守からは、しゃちほことともに、瓦《かわら》が落下していました。

攻《せ》めよせてくる敵《てき》を迎《むか》えうつためのやぐ

石材が道路をふさいだ

らという建物も、その多くが被害《ひがい》を受けていました。飯田丸《いいだまる》五階《ごかい》やぐらでは、やぐらの土台の石垣《いしがき》から、約八十個《こ》の石材がくずれ落ちていました。石垣の石材は、大きなもので一トン以上もあります。

城内の石垣は、六か所で崩壊《ほうかい》していました。わたしをはじめ、熊本城を誇《ほこ》りに思う人たちにとって、こうした被害は大きなショックでした。

けれども、いつまでもなげいているわけにはいきません。おおまかな被害を確認《かくにん》する調査《ちょうさ》をすませると、熊本城調査研究センターの職員《しょくいん》は、避《ひ》

震災《しんさい》直後の大天守《だいてんしゅ》の屋根。上は前震《ぜんしん》後、下は本震《ほんしん》後

難所運営《なんじょうんえい》のため小学校などに向かいました。

ふたたび震度《しんど》七

十五日の夜、家にもどったわたしは、四十数時間ぶりにねむりにつきました。そして、日付が変わった十六日の一時二十五分。

地面の下からゴーンという、なんとも気持ちの悪い音がひびいて、ふたたび震度《しんど》七の揺《ゆ》れがおそってきました。

わたしは熟睡《じゅくすい》していて、しばらくは地震《じしん》の夢《ゆめ》だと思っていました。現実《げんじつ》だと気づいたとき、たいへんおどろきました。信じられないような大きな音、大きな揺れ。なんとか部屋の外に出て、まずはとなりの部屋から子どもを助けだしました。

これが、熊本地震の本震《ほんしん》でした。十四日の地震は、なんと、前震《ぜんしん》だったのです。

家のなかのほとんどのものが倒《たお》れおち、家族全員がどうにか、家から脱出《だっしゅつ》することができました。念のために、しっかり服を着て、靴《くつ》も用意して寝《ね》ていたことが幸いしました。すぐに家から離《はな》れた場所に車を移動《いどう》し、家族はそこで夜を過《す》ごすことにしました。余震《よしん》で家が倒《たお》れてしまうかもしれないと、心配だったからです。停電《ていでん》して暗いなか、近所の人たちの安否《あんぴ》や、火事が起きたりしていないかを確認《かくにん》しました。

そしてわたしは、もう一台の車に毛布《もうふ》や着替《きが》え、雨具、食べ物や飲み物を詰《つ》めこみ、急いで熊本城に向かいました。

本震《ほんしん》が起きたあとは、朝が来るまで家のなかにもどった人はほとんどいなかったでしょう。何度も何度も起こる大きな余震がこわくて、家のなかにいられなかったからです。熊本城に向かう途中《とちゅう》、道路や公園で過ごす人、車のなかに逃《に》げた人の姿《すがた》を多く目にしました。

夜が明けると、おそろしい地震《じしん》とは不釣《ふつ》り合《あ》いなほどの晴天です。はげしい余震が続くなか、新たな被害《ひがい》はないかと、熊本城の調査《ちょうさ》のやり直しをしました。

結果は、前日の調査とはくらべようがないほど、被害が拡大《かくだい》していました。天守閣《てんしゅかく》付近の地面には、いくつもの亀裂《きれつ》が走っています。

今から四百年ほど前に城がつくられたときから現存《げんぞん》し、国の重要文化財《ぶんかざい》に指定されている宇土《うと》やぐら。地上は屋根が三つ重なった三重の建物で五階まであり、地下は一階で、天守閣の大天守、小天守に次ぐ規模《きぼ》を誇《ほこ》るこのやぐらも、危機《きき》にさらされていました。

外壁《がいへき》の表面には、石灰《せっかい》に粘土《ねんど》とふのり（海藻《かいそう》の一種）をまぜてよく練った漆喰《しっくい》がぬってありました。それが、はがれ落ちていたのです。その内側では壁土《かべつち》がはがれ、床《ゆか》が傾《かたむ》いていました。おそろしくて建物に近づけなかったので、なかを調べたのは、何日もあとの、余震が減《へ》ってからのことで

外壁《がいへき》の一部がはがれた宇土《うと》やぐら（左の建物）と、倒《たお》れおちた続《つづき》やぐら（矢印）

した。

宇土《うと》やぐらにつながっている続《つづき》やぐらは倒壊《とうかい》し、土台の石垣《いしがき》に大きなふくらみが見られます。

飯田丸五階《いいだまるごかい》やぐらは土台の石垣がさらにくずれ、約五百個《こ》の石材が落ちました。かろうじて建物のすみに残った石垣が、まるで一本足のように建物全体を支《ささ》えているといったありさまでした。建物がくずれなかったのは、まさに奇跡《きせき》です。

城内の五十か所で石垣がくずれ、その上の建物がいっしょにくずれ落ちたところもありました。あまりに

すみに残った石垣《いしがき》で倒壊《とうかい》からのがれた飯田丸五階《いいだまるごかい》やぐら

も余震《よしん》がはげしく、途中《とちゅう》で調査《ちょうさ》を断《だん》念《ねん》したほどです。城内を歩くだけでも危険《きけん》なことでした。

まずはロープなどを使って、危険な範囲《はんい》を立入禁止《きんし》にしていきました。周囲では、くずれ落ちた石垣を前に涙《なみだ》を流す人や、手を合わせて拝《おが》む人をたくさん見かけました。

市民のほとんどが、遠足や校外学習、お花見、お祭り、初詣《はつもうで》などで、熊本城に何らかの思い出をもっています。

空気のように「あってあたりまえ」だった城。その変わりはてた姿《すがた》に、

石垣《いしがき》とともに倒壊《とうかい》した建物

だれもが悲しみを覚えたのです。

熊本地震《じしん》が前震《ぜんしん》、本震《ほんしん》とも夜間に起きたことは、熊本城のことだけを考えれば、不幸中の幸いでした。昼間だったら、城内でどれほどの死傷者《ししょうしゃ》が出ていたかわからないからです。

また、人命救助《きゅうじょ》のために、ショベルカーなどの重機でくずれた石を急いで撤去《てっきょ》をしなければならなかったでしょう。わたしにとって、それは困《こま》ったことなのです。

こういう言いかたをすると、みなさんのなかには、

「くずれた石をショベルカーでどけて、なにがいけないの？」

という疑問《ぎもん》をもつ人がいるかもしれませんね。

それに答えるために、熊本城の修復《しゅうふく》をどのように計画し、進めているのかを、みなさんに話していくことにします。

第二章 日本の城の歴史

城の数は？

日本各地には、いろいろな城がたくさん残っています。どのくらいの数になるか、知っていますか。

百？ 千？ まさか、万？

その、まさかです。残っている城は約五万。もっとも、その多くは「中世城《ちゅうせいじょう》」といって、土を盛《も》っただけの簡単《かんたん》なつくりの城です。

つくられたのは、今から約七百年前のこと。人が住むのではなく、争いのときにたてこもるための施設《しせつ》です。その跡《あと》は、今では山のなかなどに、それとは気づかれないほど、ひっそりと存在《そんざい》しています。

でも、みなさんが城と聞いて想像《そうぞう》するのは、りっぱな天守閣《てんしゅかく》や石垣《いしがき》をもつ城でしょう。城といっても、いろいろありそうですね。そもそも、城とはなんでしょう。城の起源《きげん》は、どこにあるのでしょう。

では、日本の城の歴史をたどってみましょう。

古くからあった城

日本の城のはじまりは、今から二千五百年ほど前の弥生《やよい》時代までさかのぼります。

「えっ、そんなに古くからあったの⁉」

そう思う人がいるかもしれませんね。

弥生時代になると農耕《のうこう》で富をたくわえるようになり、より多くの富を求めてたがいに争うようになりました。その結果、ほかの集落からの攻撃《こうげき》に備《そな》えて、まわりに深い堀《ほり》や高い土塁《どるい》をつくって守ろうとしたのが、城のはじまりです。

土塁とは、土を突《つ》きかためて堤防《ていぼう》のようにつくった壁《かべ》のことです。土塁の時代がしばらく続いたあと、山城《やまじろ》がつくられるようになりました。今から約千三百年前のことです。

というのも、六六三年に朝鮮《ちょうせん》半島の白村江《はくすきのえ》というところで、日本がくわわった戦いがありました。当時の日本は倭国《わこく》とよばれ、朝鮮半島には百済《くだら》や新羅《しらぎ》という古代国家が、中国には唐《とう》という大きな国家がありました。倭国と百済の連合軍と、唐と新羅の連合軍とのあいだで、戦争が起きたのです。

この戦いに、倭国は大敗しました。「川は血の海になった」という記述《きじゅつ》が、『日本書紀《にほんしょき》』に見られます。どれほどはげしい戦いであったかが、わかるでしょう。

唐と新羅の連合軍が、海をわたって攻《せ》めてくるかもしれません。それで、ときの天皇《てんのう》であった天智《てんじ》天皇は、百済の将軍《しょうぐん》を日本に招《まね》いて、石でできた朝鮮式の山城のつくりか

弥生《やよい》時代の集落の吉野ヶ里遺跡《よしのがりいせき》（佐賀県）で見つかった堀《ほり》

たを学びました。

朝鮮式《ちょうせんしき》の山城《やまじろ》とは、斜面《しゃめん》や頂《いただき》などを利用して、山全体を長大な石の城壁《じょうへき》で囲《かこ》んだ城です。朝鮮半島に近い九州、当時の都があった飛鳥《あすか》（奈良県）へのルートにあたる瀬戸内海沿岸《せとないかいえんがん》、そして都の周辺に朝鮮式山城がつくられました。

城づくりの再開《さいかい》

その後、世の中が平和になると、城づくりはいったん忘《わす》れさられます。

ふたたび始まるのは、京都を中心にして起こった大乱《たいらん》、応仁《おうにん》の乱からです。一四六七年、室町《むろまち》時代の末期のことです。そして、多くの武将《ぶしょう》が勢力《せいりょく》を競いあう、戦国時代が訪《おとず》れるのです。

朝鮮《ちょうせん》半島にいちばん近い対馬《つしま》（長崎県）に築《きず》かれた金田城《かねだじょう》

城づくりは復活《ふっかつ》しましたが、朝鮮式山城で築《きず》いた石の城壁づくりはすっかり忘れられていたので、城は土を盛《も》って突《つ》きかためた上に築かれました。

本格的《ほんかくてき》な石垣《いしがき》による築城《ちくじょう》をしたのは、織田信長《おだのぶなが》です。一五七五年、標高約百九十二メートルの安土山《あづちやま》に、大きな石垣のある安土城を築きました。

このときにたずさわったのは、穴太衆《あのうしゅう》とよばれる伝統的《でんとうてき》な石工集団《いしくしゅうだん》です。城づくりがずっとなかったときにも、穴太衆はお寺や神社で石垣づくりをおこなっていたからです。

滋賀県大津市坂本《おおつしさかもと》にある日吉大社《ひよしたいしゃ》では、穴太衆によるみごとな石垣を今も見ることができます。穴太積みといい、自然の石をそのまま積んでいくのが特徴《とくちょう》です。

戦国時代につくられた鉢形城《はちがたじょう》（埼玉県寄居町《よりいまち》）。石垣《いしがき》ではない

安土城《あづちじょう》

築城《ちくじょう》当時の安土城《あづちじょう》は、七角形の土台に、高さ約三十二メートル、地上六階、地下一階の七階建ての大天守《だいてんしゅ》を建てたといわれています。ヨーロッパからやってきたキリスト教の宣教師《せんきょうし》を招《まね》き、ワインを飲み、マントを身につけていた信長《のぶなが》です。残っていれば、壮大《そうだい》で、豪華《ごうか》な大天守を、わたしたちも目にすることができたでしょう。

土台の跡《あと》には、建物を支《ささ》える大型《おおがた》の石が九十個《こ》、小型の石が二十四個残っていて、当時の城のありさまを想像《そうぞう》するしかありません。

安土城跡《あづちじょうし》（滋賀県）に残る石垣《いしがき》

一五八二年五月十五日、信長は完成した安土城に徳川家康《とくがわいえやす》を招き、もてなしを明智光秀《あけちみつひで》に命じたという記録が残っています。そして六月二日、その光秀が信長にそむき、京都の本能寺《ほんのうじ》で信長は命を絶《た》ちます。光秀もまた、豊臣秀吉《とよとみひでよし》に討《う》たれ、まもなく、安土城や城下の建物は焼けおちました。

そして安土城以降《いこう》、城は石垣《いしがき》づくりになっていきます。

天守閣《てんしゅかく》とやぐら

城のシンボルである天守閣《てんしゅかく》の役割《やくわり》を調べてみましょう。天守閣がつくられたのも、安土城からです。

安土城大天守《あづちじょうだいてんしゅ》の土台の跡《あと》

天守閣《てんしゅかく》が単独《たんどく》でそびえるものと思いがちですが、大天守に小天守という建物がついている場合もあります。熊本城もそうです。

江戸《えど》時代になると、城主やその家族は御殿《ごてん》に住むようになります。城内の広大な敷地《しきち》には、本丸《ほんまる》、二の丸、三の丸といった区画がなされていました。

やぐらは、敵《てき》に向かって矢を射《い》るための倉が語源《ごげん》です。その語源どおり、戦いのときには矢を放って、敵を攻撃《こうげき》するための拠点《きょてん》になります。

やぐらには、槍《やり》や鉄砲《てっぽう》などの武器《ぶき》をならべる武具掛《か》けがあります。また、戦いのときの食料である兵糧《ひょうろう》をたくわえたり、敵の動きを探《さぐ》ったりする場所でもありました。

今も傷《きず》つく城

城は、その役割《やくわり》からときには戦いで、あるいは長いあいだに豪雨《ごうう》や洪水《こうずい》、落雷《らくらい》、地震《じしん》といった自然災害《さいがい》で、跡《あと》だけになったり、まったく跡をとどめなくなることもあります。

いっぽう、傷《きず》つきながら、今もその姿《すがた》をとどめている城があります。そのような城は、今の時代やこれからの時代に傷つくことがあるでしょう。熊本城は、まさにそうです。大きな地震で傷つきました。

熊本城を修復《しゅうふく》するには、たいへんな知恵とかぎりない根気、それにたくさんの資金《しきん》が必要です。でも、それが計画にそって進められています。

次の章からは、熊本城のことをみなさんに知っていただき、修復していくようすをたどりながら、なぜ修復して残していくのか、なぜ多くの人たちが力を注ぐのかを考えていきたいと思います。

第三章 熊本城大解剖《かいぼう》

基本《きほん》データ

まずは、熊本城の広さを見ていきましょう。

城のいちばん外側の堀《ほり》までの広さは、一三八ヘクタールです。数字だけでは、どのくらい広いのか、よくわかりませんね。すべてを見ようとすれば、まる一日かかるといえば理解できるでしょうか。

城の建物が残る範囲《はんい》を見るだけでも、半日はかかります。ともかく、とてつもなく広いのです。

熊本城は平山城《ひらやまじろ》という、低い山や丘《おか》を利用して築《きず》かれた城の形式です。

歴史的に重要な建物には、宇土《うと》やぐらや長塀《ながべい》など、国が「重要文化財《ぶんかざい》」と指定してい

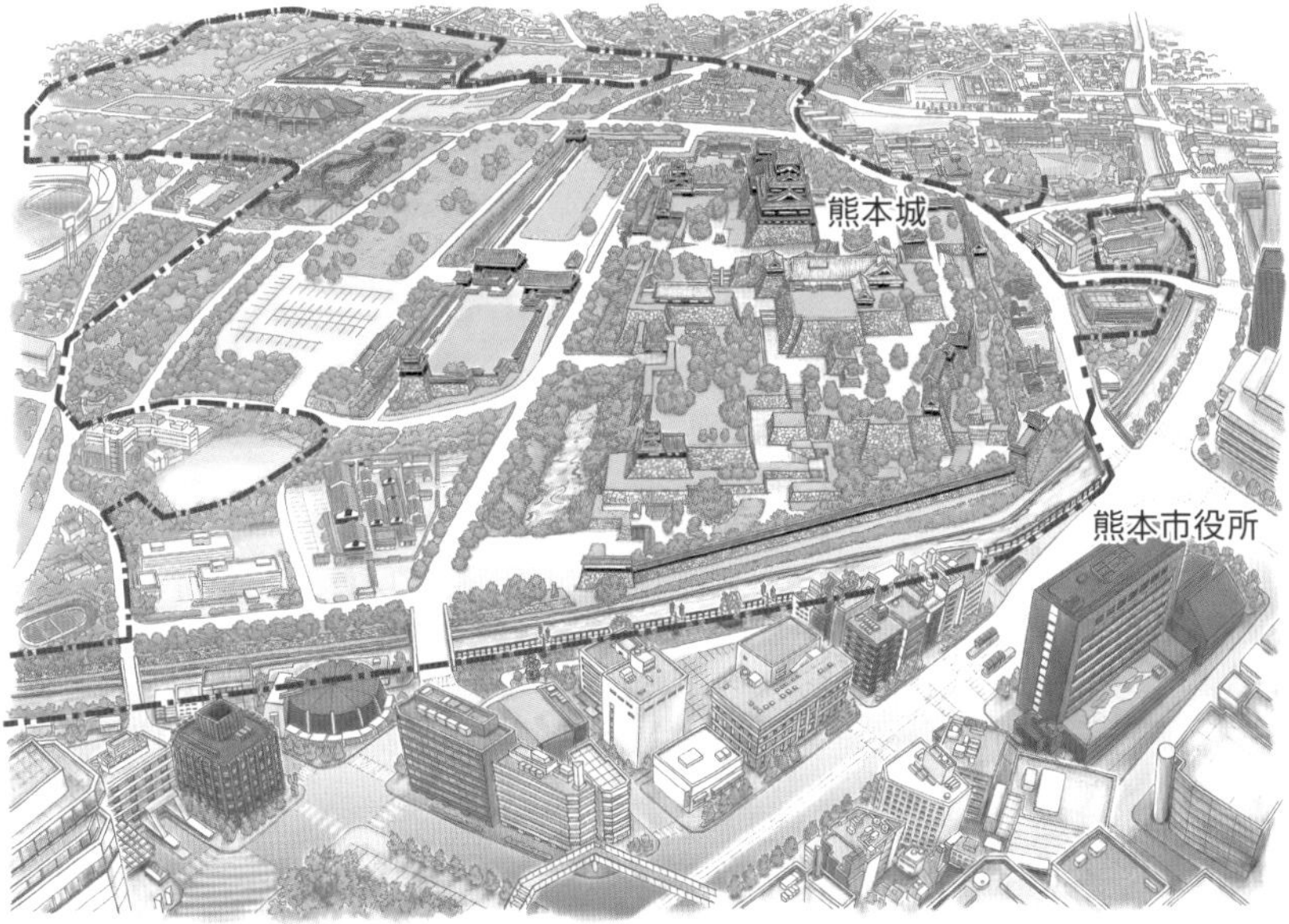

熊本城の特別史跡《しせき》に指定されている範囲《はんい》

天守閣《てんしゅかく》。大天守と小天守がならぶ（地震《じしん》前）

宇土《うと》やぐら。つくられた当時から残っている（地震《じしん》前）

長塀《ながべい》（矢印）。約242メートルもの長さがある（地震前）

熊本城の北側に残る、いちばん外側の石垣《いしがき》

るものが十三棟《とう》あります。ほかにも、県が指定した建物が一棟あります。

これら以外にも、再建《さいけん》して復元《ふくげん》された建物群がありますそのなかでもっとも大きいのが、どうどうとそびえる天守閣《てんしゅかく》です。一九六〇年に、鉄筋《てっきん》コンクリートでつくられました。天守閣には、大天守と小天守という二つの建物があります。

大天守は屋根が三つ重なった三重で、地上は六階まで、地下は一階まであります。小天守は、二重四階地下一階という大きさです。

熊本城の歴史

熊本城のもとになる隈本城《くまもとじょう》は、一四六七年から一四八七年に肥後国《ひごのくに》（今の熊本県）を治めていた出田秀信《いでたひでのぶ》のころには、熊本市の中央に位置する茶臼山《ちゃうすやま》の東はしの丘《おか》にあったといわれています。

その後、出田氏にかわって城主となった鹿子木氏《かなこぎし》が、茶臼山の南に新たな城を築《きず》き、城氏《じょうし》、佐々氏《さっさし》などを経《へ》て、一五八八年に加藤清正《かとうきよまさ》が城主となりました。

加藤清正《かとうきよまさ》は一五六二年に尾張《おわり》（今の愛知県）に生まれ、幼《おさな》いころから豊臣秀吉《とよとみひでよし》に仕え、数かずの戦《いくさ》に参加した武将《ぶしょう》です。また、秀吉から朝鮮《ちょうせん》出兵を命ぜられて、朝鮮半島で約七年間戦いました。

その後清正は、関ヶ原《せきがはら》の戦いで徳川家康《とくがわいえやす》が率《ひき》いる東軍にくわわり、勝利した結果、ほうびとして肥後国《ひごのくに》全体があたえられました。

一六〇七年、清正は茶臼山《ちゃうすやま》に新しい城を築《きず》くと、隈本城《くまもとじょう》の一文字を変えて熊本城と名づけました。朝鮮出兵で朝鮮の城を攻《せ》めきれなかった経験《けいけん》から城づくりを学んだ清正が手がけた熊本城は、敵《てき》に攻められにく

上に行くほど反りが強くなる石垣《いしがき》（右）。上から下をのぞくと、こんなふうに見える（左）

い鉄壁防御《てっぺきぼうぎょ》のものとなっていきました。

清正流石垣《きよまさりゅういしがき》

下部はゆるやかで、上に行くにつれ急激《きゅうげき》に反りかえる熊本城の石垣《いしがき》。高いものでは二十メートル以上もあります。わたしは高いところが苦手なので、その上に立つことなんてできません。

「うわあ、すごい！」

「迫力《はくりょく》あるなあ！」

観光客がおどろきの声をあげるのも、まず石垣です。

そうした反りが強い石垣は、天守閣《てんしゅかく》などの大きな建物の土台や、堀《ほり》に面したところに用いられます。江戸《えど》時代には清正流《きよまさりゅう》とよばれ、最近では武者返《むしゃがえ》しとよばれています。

通路に面した石垣《いしがき》

いっぽう、天守閣《てんしゅかく》に進む通路は迷路《めいろ》になるような設計《せっけい》で、敵《てき》の直進をさまたげ、勢《いきお》いをそぐようになっています。そのため、通路に面した石垣《いしがき》には反りがなく、壁《かべ》のようにまっすぐに立ちあがっています。

西南《せいなん》戦争

加藤氏《かとうし》は、清正《きよまさ》の子で忠広《ただひろ》のときに身分を取りあげられ、所領《しょりょう》を没収《ぼっしゅう》されました。そのあと、熊本城に入ったのは細川忠利《ほそかわただとし》です。以来、細川氏が城主となって、江戸《えど》時代の終わりを迎《むか》えました。

徳川幕府《とくがわばくふ》の支配《しはい》による、戦《いくさ》のない世の中がおよそ二百六十年続いたあと、幕末の革命《かくめい》、討幕《とうばく》運動が起きました。中心となったのは、薩摩《さつま》（今の鹿児島県）、長州《ちょうしゅう》（今の山口県）、土佐《とさ》（今の高知県）などの下級武士《ぶし》たちです。

明治《めいじ》時代になった一八七六年。今度は、明治政府《せいふ》に不満を抱《いだ》く元武士たちが各地で暴動《ぼうどう》を起こすようになりました。

その総《そう》まとめともいえる反乱《はんらん》が、一八七七年に起こった西南《せいなん》戦争です。西郷隆盛《さいごうたかもり》を中心とする薩摩の軍に対し、政府軍（官軍《かんぐん》）は熊本城でこれを迎えました。政府軍が立てこもる熊本城は、二月十九日に火災《かさい》で大小の天守、御殿《ごてん》などが焼失しました。なぜ焼けたかについてくわしいことはわかっていませんが、その三日後から、西郷が率《ひき》いる軍の総攻撃《そうこうげき》が始まりました。

ところが、難攻《なんこう》不落で知られる熊本城をなかなか攻《せ》めきれません。そうしているうちに、新たな政府軍が福岡からやってきたため、西郷たちは田原坂《たばるざか》でこれを迎えうつことにしました。そして十七日間続いた田原坂の戦いは政府軍が勝利し、西郷軍は敗走しました。

西郷隆盛は、

「わしは官軍に負けたのではない。清正公に負けたのだ」

と、言ったそうです。加藤清正が築《きず》いた城は堅固《けんご》であることを、西郷隆盛は思いしったのでしょう。

その後も太平洋戦争が終わるまでは、熊本城には政府軍（陸軍）の施設《しせつ》が置かれ、戦後になってから公園として開放されました。

焼失した大小の天守が再建《さいけん》されたのは、一九六〇年になってからです。それ以来、熊本地震《じしん》で被害《ひがい》にあうまで、たくさんの人の目を楽しませてきたのです。

第四章 修復《しゅうふく》作業始まる

くずれた石垣《いしがき》

被害《ひがい》の状況《じょうきょう》を調べると、特に石垣《いしがき》の崩落《ほうらく》被害が大きいことがわかりました。石材を回《かい》収《しゅう》する前に、石垣がどのようにくずれたのかを記録し、特徴《とくちょう》や原因《げんいん》をつかむ必要がありました。

立ちいれない危険《きけん》な場所では、ラジコンヘリコプターやドローンにカメラをつけ、入れる場所では最新の測量《そくりょう》機器を用いて写真をとりました。それでわかったのですが、石垣の崩落の多くは石垣の背面《はいめん》、つまり裏側《うらがわ》にその原因があったようです。

ここで、石垣の構造《こうぞう》について、簡単《かんたん》に説明しておきましょう。

石垣を正面から見ると、一見、大きな石材だけでできているように見えますが、そうではありません。石材の裏側《うらがわ》には、補強《ほきょう》や排水《はいすい》のためのグリ石という小石がたくさんつめてあるのです。

今回は地震《じしん》によって、そのグリ石が揺《ゆ》すられ、石垣《いしがき》の背面《はいめん》から押《お》しでたよう

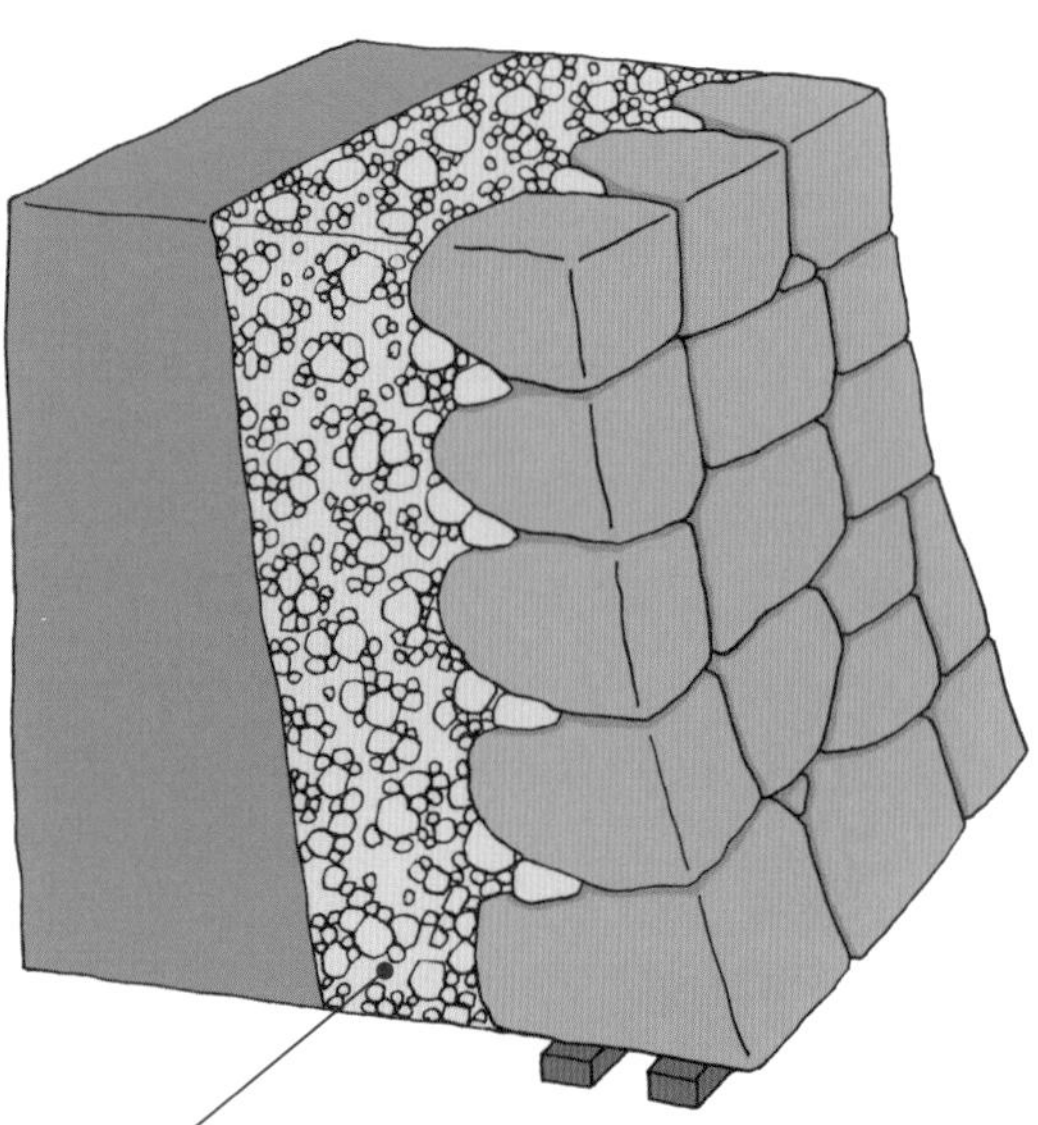

石垣《いしがき》の内部から流れでている、細かいつぶのように見えるのがグリ石

です。

石垣の上面に大きな地割《じわ》れができた場所では、そのままにしておくと、そこから雨水などが内部に入りこみ、石垣のくずれが大きくなったり、石垣の上部で陥没《かんぼつ》が起きたりして、二次崩壊《ほうかい》をおこすことが予想されます。そこで、防水《ぼうすい》シートでおおうことにしました。

それにしても、自然災害《さいがい》でこれほど大規模《だいきぼ》に文化財《ぶんかざい》が被害《ひがい》を受けたのは、日本では熊本城がいちばんではないかと思います。

一九九五年一月十七日に発生した兵庫県南部地震が引きおこした阪神《はんしん》・淡路大震災《あわじだいしんさい》では、兵庫県明石市《あかしし》にある明石城で、石垣が少しくずれました。

また東日本大震災では、宮城県仙台市《せんだいし》の仙台城や福島県白河市《しらかわし》の小峰城《こみねじょう》の石垣がくずれたり、福島県南相馬市《みなみそうまし》にある巨大《きょだい》な石仏《せきぶつ》をおおっていた建物が倒壊《とうかい》したりしましたが、熊本城のように大規模なものではありません。

熊本県民にとって、熊本城は「あって、あたりまえのもの」でした。その城がくずれたのは、だれにとっても衝撃的《しょうげきてき》なできごとでした。

「どんな城も被災《ひさい》することがある」

考えてみればあたりまえですが、わたしが新たに気づいたことでした。

「石垣《いしがき》はくずれるもの」

これも、この地震《じしん》であらためてわかったことでした。石垣は堅固《けんご》に思えますが、自然の力にかなうことはないのです。

建物の被害《ひがい》、石垣がくずれた状況《じょうきょう》、通路の地割《じわ》れなど、立ちいりできるところや見て確認《かくにん》できるところだけでも、被害調査《ちょうさ》がひととおり終わったのは、地震から二か月が過《す》ぎたころです。

被害調査をおこないながら、危険箇所《きけんかしょ》をシートでおおったり、石垣の石材を回《かい》

外壁《がいへき》がはがれた建物

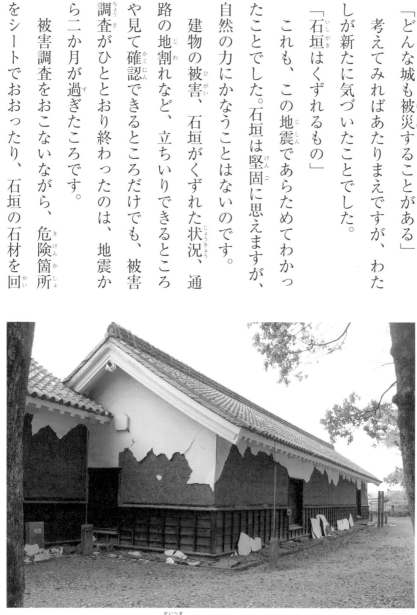

収《しゅう》したりする作業が始まりました。

そこまでするのか

グオーン、グオーン。

石垣の前で、ショベルカーがうなり声をあげながら動いています。くずれた石材の回収をしているのです。

「もうちょい下げて！」

「よし、そこでオッケー！」

そんな会話が聞こえてくるのは、石材を一つ一つ、玉がけをしてからつりあげるからです。玉がけとは、ワイヤーロープを荷物にかけ、アームのフックでつる作業のことです。危険をともなうので、しんちょうに進めます。

「いっきに回収するわけにはいかないんですか？」

と、聞いてくる人がいます。

玉がけをした石材をつりあげる

確《たし》かに、そうすればことは簡単《かんたん》です。石《いし》垣《がき》が市道をふさいでいるので、交通渋滞《じゅうたい》がひどく、救急《きゅうきゅう》車両の通行にも困《こま》ることがありました。だから、作業を急がなければなりませんが、わたしたちには強く決心していることがありました。

「石垣は、ただの石材の集まりではない。一つ一つの石材が切り出され、運ばれてきて、必要な位置に積まれている。それらが変わらず、江戸《えど》時代から残されてきた。だから、大切なものなんだ。雑《ざつ》なあつかいは、ぜったいにしてはいけない」

最初の姿勢《しせい》が今後を左右すると思い、どんなに反対意見があっても、城の文化財《ぶんかざい》を

石材を一つ一つていねいに調べる

保護《ほご》する者として、わたしたちは意地をとおす覚悟《かくご》でした。

ところが、意外にも、

「そんなことは当然だ」

という雰囲気《ふんいき》が、すでに多くの人たちのあいだにできていました。これには、おどろきました。

だれもが、熊本城の歴史的な価値《かち》を大切にしながら修復《しゅうふく》していくことを、優先《ゆうせん》して考えていたのです。

それでわたしは、市民や観光客の質問《しつもん》にも自信をもって答えることができました。

「これらは、ただの石材ではないんです。一つ一つが、熊本城を形づくっている宝物《たからもの》

石材に番号をつける

なんです。だから、回収《かいしゅう》した石材はいったん石材置き場に運び、あとで正しくもとどおりに積みなおせるよう、一つずつ番号をつけて調査《ちょうさ》するんですよ」
「ええっ、そこまでするんですか⁉」
わたしの説明を聞いた人は、目をまるくするのでした。

四百年ぶりにあらわれた観音様《かんのんさま》

天守閣《てんしゅかく》のすぐ北側に加藤神社があります。第三章で紹介《しょうかい》した、加藤清正《かとうきよまさ》をまつった神社です。

神社では、まわりの石垣《いしがき》が少しくずれましたが、鳥居《とりい》や建物は無事で、天守閣をまぢかに見られる絶好《ぜっこう》の見学スポットとなっています。

地震《じしん》から一週間ほどたって、くずれた石垣の石材の一つに観音様《かんのんさま》の姿《すがた》が彫刻《ちょうこく》されているのが発見されました。

観音様は、苦しむ人びとを救《すく》う仏《ほとけ》です。この観音様、じつは熊本城がつくられる百年以上前に彫《ほ》られたものでした。「板《いた》碑《び》」といって、室町《むろまち》時代に流行した石碑《せきひ》だとわかったのです。

その板碑を割《わ》って、石垣《いしがき》に利用していました。なんと四百年以上ものあいだ、石垣の裏側《うらがわ》にかくれていたのです。それが地震《じしん》によって、姿《すがた》をあらわしました。

「観音様《かんのんさま》が、被災《ひさい》したわたしたちを助けに来てくれた」

ただの偶然《ぐうぜん》かもしれませんが、多くの人たちが勇気づけられたできごとでした。

石材に彫《ほ》られた観音様《かんのんさま》

本格的《ほんかくてき》な作業に向けて

急を要する仕事は、くずれた石材の回収《かいしゅう》ばかりではありませんでした。土台の石垣がくずれて、なんとか建っているやぐらなどは、一刻《いっこく》も早く建物を支《ささ》えてやらなければなりません。余震《よしん》や雨によって新たにくずれることを防《ふせ》ぐための難工事《なんこうじ》です。

わたしたちは、熊本城の被害《ひがい》や修復《しゅうふく》のようすをよく見ることが、研究のチャンスになると考えています。だから、熊本城調査《ちょうさ》研究センターの担当者《たんとうしゃ》には、

「被害の状況《じょうきょう》や修復していくようすをよく見て、しっかり記録するように。ふつうなら、くずさないと見られない石垣の構造《こうぞう》がよくわかる。修復していく段階《だんかい》では、つくられたときのようすがわかるから」

と、言っています。

このように前向きに考えられるようになったのは、何度も言っていますが、熊本城で直接《ちょくせつ》被害にあった人がいなかったからです。けがをした人や亡《な》くなった人がいなかったということは、とても大きなことです。

地震《じしん》が起きた二〇一六年は、被害調査《ひがいちょうさ》、石材の回収《かいしゅう》、石垣《いしがき》の二次崩壊《ほうかい》の防止《ぼうし》、倒壊寸前《とうかいすんぜん》のやぐらを支《ささ》えるための受構台《うけこうだい》の設置《せっち》、それに大型《おおがた》の重機が通るためのスロープの設置など、本格的《ほんかくてき》な修復《しゅうふく》作業に向けての準備《じゅんび》工事をおこないました。わたしは現場《げんば》での作業だけでなく、復旧《ふっきゅう》のための協議、マスコミ取材への対応《たいおう》、視察《しさつ》や講演《こうえん》に明け暮《く》れて、ようやく一年を終えました。

第五章 熊本城復活《ふっかつ》大作戦・二〇一七年

修復《しゅうふく》開始

被害《ひがい》調査《ちょうさ》や緊急《きんきゅう》工事、応急処置《おうきゅうしょち》に集中した二〇一六年が終わり、二〇一七年がやってきました。この年は、熊本城全体をどのように修復《しゅうふく》していくのかという話しあいを進めながら、そのいっぽうで、天守閣《てんしゅかく》では本格的《ほんかくてき》な修復工事に入りました。

四月五日、一台の大型《おおがた》クレーン車が天守閣に近づいてきました。

(ついに来たか)

わたしは目を細めて、青空にのびるアームの先を見つめました。これからいよいよ、天守閣の大天守に足場を組む作業が始まるのです。

足場を組むためのクレーン車が天守閣に来るまでに、なんと地震《じしん》発生から一年もかかりました。大型車《おおがたしゃ》が通れるように、長いスロープを二か所も設置《せっち》しなければならなかったからです。

城の天守閣《てんしゅかく》には、敵《てき》が近づけないように、たくさんの工夫がされています。敵が近づけないということは、工事をしたくても大きな車が近づけない、ということです。

でも、工事を始めるためには、大型車を通せるスロープがどうしても必要でした。

そのためには、まず、せまい通路をふさいでいる石材の記録をとり、一つ一つしんちょうに撤去《てっきょ》しなければなり

天守閣《てんしゅかく》に向かう工事用スロープ

ませんでした。それが終わると二次崩《ほう》壊《かい》を防《ふせ》ぐ工事をおこなって、ようやくスロープを設置する工事に着手できたのです。

大天守の足場は、大きさを三段階《だんかい》にわけて、ピラミッドのように組んでいきます。ふつうのビルとちがって、天守閣は上にいくほど小さくなっているので、ピラミッド状《じょう》なのです。

足場を組みたてながら、資材《しざい》が飛んで落ちたり、作業員が転落したりしないように、まわりにシートをはっていきます。そのあとには、屋根から瓦《かわら》を全部おろす作業が待っています。

大天守《だいてんしゅ》のまわりに組まれた足場

クレーン車の到着《とうちゃく》を見届《みとど》けて、ほっとしたわたしですが、

(復旧《ふっきゅう》の道は、まだまだこれからだ)

と思って気を引きしめ、その場を離《はな》れました。

くずれた石垣《いしがき》の上にあるやぐらなどの建物は、調査《ちょうさ》をしたあとで解体《かいたい》工事をします。

「えっ、壊《こわ》れてもいない建物まで解体するんですか?」

おどろいて聞いてくる市民などもいます。そういう人には、

「土台の石垣を直すのに、建物があるとできないでしょう。だから、一度解体するんです。もちろん、もとの部材を使って建てなおしますよ」

のちのちのことまで、しっかり説明します。

被害《ひがい》を受けたのは、建物や石垣だけではありません。道路や通路も、大きな被害を受けました。地割《じわ》れや陥没《かんぼつ》など、七十もの場所です。

そして、くずれずに残っている石垣についても、変化がないかどうか、つねに見ていく必要があります。新たにふくらんだりしていると、対策《たいさく》を講《こう》じなければならないからです。

ボランティアガイドの活躍《かつやく》

空を切りとってそびえるその天守閣《てんしゅかく》は、震災復興《しんさいふっこう》のシンボルといっていいでしょう。多くの人たちが避難所《ひなんじょ》生活を続けるなかで、早くから天守閣の修復《しゅうふく》を願う声がたくさん寄《よ》せられました。

また、天守閣が城全体の中心に位置することから、天守閣の修復を最優先《さいゆうせん》することになったのは当然のことです。大型車《おおがたしゃ》が通れるようになったので、大天守のまわりに、ようやく高さ四十メートルほどの足場が組まれました。

調査の結果、大天守は屋根を支《ささ》える六階の柱の損傷《そんしょう》がはげしく、小天守の一階の床《ゆか》も割れて、傾《かたむ》いていることがわかりました。それで、部分的に解体することになりました。

大天守の外側の工事は、二〇一九年の秋に終了《しゅうりょう》し、公開をめざすことになりました。

熊本城ではいちはやく、震災二か月後には復活《ふっかつ》した人たちがいます。黄色のシャツやジャンパー姿《すがた》の、「くまもとよかとこ案内人」というボランティアガイドの人たちです。

熊本城には毎日、多くの観光客が訪《おとず》れていますが、その人たちを案内するのです。

暑い日、寒い日、雨の日、風の日。どんな日でも、やってきた人たちに熊本城のありのままの姿《すがた》を伝えてくれます。一か月に一万人をこえる人に対応《たいおう》することもあるそうです。

その日も城内を歩いているわたしの耳に、ガイドの元気な声が聞こえてきました。

「大天守《だいてんしゅ》をごらんください。足場を組む作業が終わって、これから全体をシートでおおっていきます。最上階からじょじょに進め、七月にはほぼ全体がおおわれ

観光客を案内するボランティアガイド（いちばん右）

る予定です」

ガイドの説明は、正確《せいかく》、かつ明解《めいかい》です。

「足場をおおうシートには、安全性《あんぜんせい》の確《かく》保《ほ》はもちろん、修復《しゅうふく》のようすが見られるようにするため、すけて見えるメッシュシートが採用《さいよう》されます」

網目《あみめ》が十五ミリメートルのシートについて説明しています。

「天守閣《てんしゅかく》の工事のようすは見られないと思っていたのに、それならよく見えるわね」

「ほんとだ。メッシュシートなんて、よく考えたなあ」

こんな意見を耳にしたわたしは、日ご

メッシュシートのおかげで、天守閣《てんしゅかく》のようすが見られる

ろの苦労がちょっぴり報《むく》われたような気がしました。

同時に、わたしや熊本城調査《ちょうさ》研究センターの職員《しょくいん》が、ガイドの人たちにも被害《ひがい》や工事の情報《じょうほう》をていねいに提供《ていきょう》することで、多くの人たちに、復興《ふっこう》していく「熊本城の今」をしっかり伝えていけると確信《かくしん》しました。

美しい音色

これらの工事が進むなか、二の丸広場で、オーストリアのウィーン管弦楽団《かんげんがくだん》のメンバーによる演奏会《えんそうかい》が、熊本の復興を祈《いの》って開かれました。このメンバーはこれまでにも、東日本大震災《だいしんさい》の被災地《ひさいち》などで、音楽を通じた復興支援《しえん》活動をおこなってきました。

たくさんの市民や観光客が、二の丸広場を埋《う》めつくしました。クラシック音楽にはうといわたしも、足を止めました。

「きれいなメロディだなあ」

「ほんと。心にしみるみたい」

そんな声のなかで、英語や中国語、韓国語《かんこくご》の会話も聞こえてきます。

（世界じゅうの人が、熊本城を応援《おうえん》してくれている。ありがたいなあ）

その美しい音色に、わたしの心はもちろん、たくさんの人がいやされました。

熊本城の応援のため、復興をめざす熊本の人たちをはげますために、二の丸広場では応援イベントが、ほかにもたくさんおこなわれました。曲芸飛行を

曲芸飛行のブルーインパルス（上）や全国の武将隊《ぶしょうたい》（下）がやってきた、熊本城の応援《おうえん》イベント

する航空自衛隊《こうくうじえいたい》のブルーインパルス、青森ねぶた祭り、全国の武将隊《ぶしょうたい》、有名なアーティストなどが、全国から、海外から、たくさん来てくれました。大きな劇場《げきじょう》などが地震《じしん》で壊《こわ》れたため、熊本城の二の丸広場が、そうした応援《おうえん》の気持ちが集まる場所になっていました。

まさに、熊本城は震災《しんさい》からの復興《ふっこう》のシンボルでした。

熊本城の今を伝える

酷暑《こくしょ》の夏が過《す》ぎ、さわやかな風が城内を吹《ふ》きぬける季節がやってきました。

一九六〇年に復元《ふくげん》された鉄筋《てっきん》コンクリートづくりの天守閣《てんしゅかく》は、深く岩盤《がんばん》まで達するコンクリートの杭《くい》でがんじょうに支《ささ》えられていたので、建物の構造《こうぞう》そのものには、地震の影響《えいきょう》がほとんどありませんでした。

それでも、壁《かべ》にはひびやはがれが多数あり、それらの補修《ほしゅう》のほか、地震に強い耐震壁《たいしんへき》や補強材を追加していくという、最新の工法での工事も始まりました。

そんなある日、校外学習をする小学生の一団《いちだん》がやってきて、ちょうど事務所《じむしょ》にいたわたしにおよびがかかりました。ボランティアガイドばかりでなく、わたしたち熊本城調《ちょう》査《さ》研究センターの職員《しょくいん》に声がかかることもあるのです。

わたしは、できるだけ若《わか》い人たちにも熊本城修復の現状《げんじょう》を知ってほしいと思っているので、ふたつ返事で引きうけました。

天守閣の近くにある加藤神社にかけつけると、たくさんの小学生が待ちかまえていました。みんな、手に手に鉛筆《えんぴつ》を持ち、ノートを開いています。

「こんにちは！　よろしくお願いします」

先生にうながされ、礼儀《れいぎ》正しく頭を下げる小学生たちに、わたしも頭を下げました。

「今、天守閣の屋根では、どんな作業をしているんですか」

鉛筆をにぎった手で、屋根を指しながら聞いてきたのは、高学年の男の子です。

「瓦《かわら》を一つ一つ、はずしていっているところだよ」

わたしが答えると、

「落ちなかった瓦まで、はずすのですか」

彼《かれ》はふしぎそうな顔で、聞きかえしてきました。

「そうだよ。これまで、瓦《かわら》の下には土をしいていたんだ。でも、それでは土がたくさん必要で、重くなる。それで、屋根を軽くするために、土ではなく、桟木《さんぎ》で固定することにしたんだよ」

「桟木って、なんですか?」

次の質問者《しつもんしゃ》は女の子です。

「瓦を止めるため、屋根の横方向に木材を張《は》りわたすんだ。その木材のことだよ」

「それで屋根は軽くなるんですか?」

横から、先生が聞いてきました。

「なります。土だと、やはり重いですから」

鉛筆《えんぴつ》を動かす音が、さらさらと聞こえます。

「そのほかにも、ダンパーといって、地震《じしん》の揺《ゆ》れを吸収《きゅうしゅう》してくれる設備《せつび》を一階部分に組み

瓦《かわら》を固定するための桟木《さんぎ》

こみます。これで、地震があった場合に、衝《しょう》撃《げき》や揺れが軽くなるはずです」

わたしは、子どもたちが大天守《だいてんしゅ》の現状《げんじょう》を正《せい》確《かく》に書きとめられるように、ゆっくりと話を続けます。

「天守閣《てんしゅかく》にそういう技術《ぎじゅつ》が用いられるのは、全国初の試みじゃないかな」

天守閣の今について説明を終えると、わたしは「ぜひ、ここも見てほしい」と思う場所に、小学生たちを案内することにしました。

宇土《うと》やぐらと飯田丸五階《いいだまるごかい》やぐら

そこからは、国指定の重要文化財《ぶんかざい》で、天守の北西にあって、二十メートルの石垣《いしがき》の上

地震《じしん》の揺《ゆ》れを吸収《きゅうしゅう》する設備《せつび》、ダンパー

に建つ宇土《うと》やぐらが見えます。

天守閣《てんしゅかく》に次いで観光客に人気のある宇土やぐらにつながる、続《つづき》やぐらという建物が倒《とう》壊《かい》しました。使える建築《けんちく》部材はどれで、どこを補修《ほしゅう》するかを調べながら、部材を保管庫《ほかんこ》に入れていったことを話しました。

写真を使いながら、飯田丸五階《いいだまるごかい》やぐらの話もしました。土台の石垣《いしがき》がほとんどくずれ、建物のすみにかろうじて残った石垣だけで支《ささ》えられているようすは、「奇跡《きせき》の一本石垣」とよばれて、見る人に感動をあたえてきました。

やぐらを倒壊から守るために、建物を上からかかえこむようにする鉄製《てっせい》の受構台《うけこうだい》が設置《せっち》されています。

集められた建物の部材

建物をかかえこむ受構台《うけこうだい》

くずれ落ちた約五百八十個《こ》の石材の回収《かいしゅう》も終わりました。

「回収された石材はくわしく観察し、大きさを測《はか》り、一つ一つ記録していきます。もとのところに積みなおすとき、どの石材がどう組んであったか、わかるようにするためだよ」

わたしの説明に、

「一つ一つ？　うわあ、すごーい！」

「信じられない！」

と、口ぐちにおどろきの声があがります。

最後に小学生から、

「今日は、どうも、ありがとうございました。もとどおりになっ

熊本城の見学に来た小学生たち

た熊本城を見たいので、これからもがんばってください」

とお礼の言葉をもらい、校外学習は終わりました。

事務所《じむしょ》にもどりながら、わたしは考えました。

（熊本城が完全に復活《ふっかつ》するまでには、およそ二十年かかる。二十年後、社会で活躍《かつやく》しているのは子どもたちだから、復旧《ふっきゅう》に向かう熊本城を教育にもっと役立ててほしい）

修復《しゅうふく》中の熊本城は、今しか見ることができません。今なら、くずれた石垣《いしがき》や落ちた瓦《かわら》などを、文化財《ぶんかざい》や歴史《れきし》を学ぶ材料として提供《ていきょう》できます。

できるだけたくさんの子どもたちに、熊本城の修復工事を見学しに来てほしい。そのためにもわたしたちは、あきらめずに発信し続けていこうと思っています。

工夫《くふう》をこらす

十月になり、大天守《だいてんしゅ》の屋根から瓦をおろし、土を落とす作業も終わって、ふたたび瓦をのせていく作業が始まりました。

工事中の熊本城をひと目見ようと、地震《じしん》後、熊本城を訪《おとず》れる観光客は一日に数千人。休日だと、数万人が訪れる日もあります。

やってきた人たちが、少しでも城の近くで被害《ひがい》の状況《じょうきょう》や修復《しゅうふく》のようすを見ることができ、くわしく理解《りかい》できるようにするにはどうしたらいいかを話しあいました。

「復興《ふっこう》見学ルートを決めて、案内板を設置《せっち》してはどうですか？」

「案内板？」

「ええ。案内板の順にめぐると、被害や修復のようすを見ながら、城全体が見学できるのでは」

「それいいね」

その後、市役所の十四階にある展望所《てんぼうじょ》を

復興《ふっこう》見学ルートに設置《せっち》された案内板

ふくめて、二十四か所に案内板が設置されました。それには、五か国の言語での説明文や、動画が見られる二次元バーコードを掲示《けいじ》しています。

また、熊本城ミュージアム「わくわく座《ざ》」には、工事現場《げんば》のライブカメラが映《うつ》すモニターを設置しました。修復のようすを見るためです。

しゃちほこづくりの職人《しょくにん》

「新調したしゃちほこも、一般《いっぱん》公開しましょう。しゃちほこは、天守のシンボルですから」

そこで、これも「わくわく座」で公開することにしました。屋根にのせられてしまったら、このすばらしいしゃちほこをまぢかに見ることができなくなるからです。

大天守《だいてんしゅ》のしゃちほこは、高さが百十九センチ、重さは百キロもあります。火災《かさい》のときに口から水を出して消してくれる、城の守り神として信じられています。

しゃちほこをつくったのは熊本県宇城市《うきし》の瓦職人《かわらしょくにん》、藤本康祐《ふじもとこうすけ》さんです。藤本さんは代だい、装飾用《そうしょくよう》の瓦《かわら》づくりを専門《せんもん》とする「藤《ふじ》本鬼瓦《もとおにがわら》」の代表で、地震《じしん》で落ちた天守のしゃちほこは藤本さんのお父さんがつくったものでした。

熊本市から新たなしゃちほこづくりをたのまれた藤本さんは、

「今度は地震に強く、落ちても簡単《かんたん》に壊《こわ》れないしゃちほこをつくろう」

と決め、今から約二百五十年前の江戸《えど》時代中期につくられたしゃちほこの再現《さいげん》をめざしました。

ふつうの瓦をつくるときは宮崎県産の粘土《ねんど》を使うのですが、今回は、高温にも凍結《とうけつ》にもたえられるよう、石州瓦《せきしゅうがわら》で有名な島根県産の粘土を混《ま》ぜました。

藤本さんは言います。

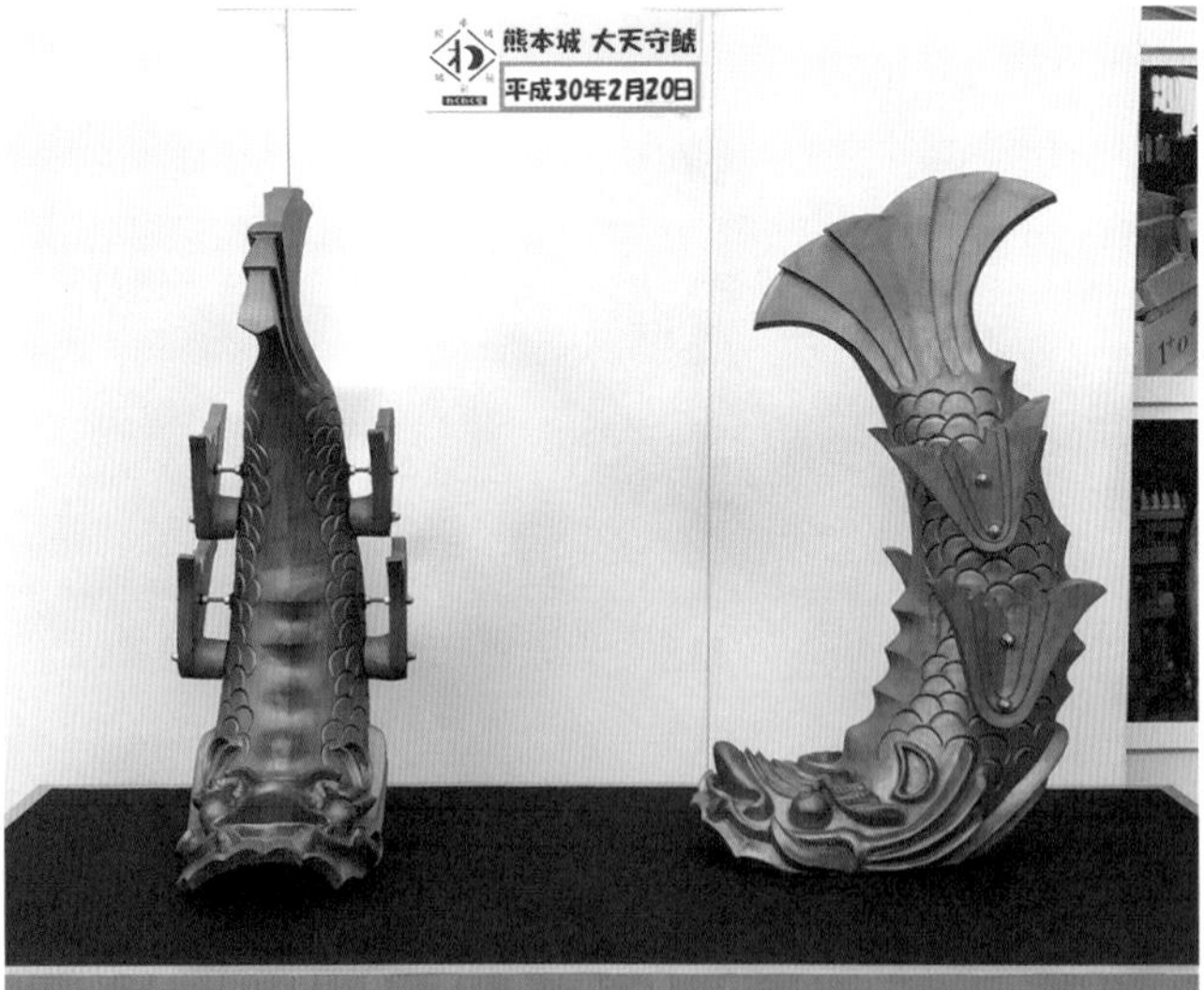

公開された新しいしゃちほこ

「島根県産の粘土を混ぜて高温で焼けば、不純物《ふじゅんぶつ》が燃《も》えて、耐久性《たいきゅうせい》がますのです」

厚《あつ》さが均一《きんいつ》になるよう、ひび割《わ》れないよう、注意しながら形をつくり、乾燥《かんそう》させて二か月後、千五十度の窯《かま》で、四日かけて焼きあげていきます。

銀の輝《かがや》きを放つしゃちほこを前に、

「熊本城は復興《ふっこう》に向けて、一歩一歩前進しています。大天守《だいてんしゅ》の上にしゃちほこがのったとき、城に魂《たましい》が入るのです」

と、藤本さんが力強く言いました。

講座《こうざ》で話す

工事に次ぐ工事で日は過《す》ぎ、二〇一七年も残すところ一か月となった十二月一日。くまもと県民交流館パレアで県民講座が開かれ、わたしが講師《こうし》を務《つと》めました。

そのなかでわたしは、まず、熊本城の復旧《ふっきゅう》には二十年かかる見込《みこ》みであること、熊本城の復興が、お店での売上の一部を寄付《きふ》したり、個人《こじん》が復興城主という制度《せいど》を使って寄付をしたりして、たくさんの人が参加していることを報告《ほうこく》しました。

また、震災《しんさい》の記憶《きおく》をどうのちにまで伝えていくかについてもふれました。震災遺構《いこう》として、石垣《いしがき》や建物を壊《こわ》れた状態《じょうたい》で一部残す案もありましたが、それには反対も多く、かわりに記念碑《きねんひ》やモニュメントを設置《せっち》すれば、という意見もあります。すでに、被害《ひがい》や復旧《ふっきゅう》のようすを伝えるパンフレットや本を、定期的につくっています。いろいろな方法で、熊本地震の記憶をみんなで共有していくことが大切なのです。

そして、熊本城がどんなに大きな存在《そんざい》であるかを、わたし自身が日々の仕事をとおしてあらためて理解《りかい》したことを話して、しめくくりました。

第六章　熊本城復活《ふっかつ》大作戦・二〇一八年

小天守《しょうてんしゅ》と大天守《だいてんしゅ》

年が明けました。二〇一八年の始まりです。

わたしは飼《か》っている犬といつものように散歩したあと、家族みんなでおせち料理や雑《ぞう》煮《に》を食べて、新年を祝いました。

そして、新たな年もがんばるために、正月休みのあいだ、しっかりと体を休めました。体力、気力ともに充実《じゅうじつ》し、いよいよ仕事始めの日です。

わたしも事務所《じむしょ》に入り、

「新年おめでとう。今年もよろしくお願いします」

と、熊本城調査《ちょうさ》研究センターの職員《しょくいん》を前にあいさつをしました。

「大きな動きとしては、小天守《しょうてんしゅ》土台の石垣《いしがき》の石材回収《かいしゅう》工事が始まります。また、熊本城全体をどのように修復《しゅうふく》していくのかという復旧《ふっきゅう》基本《きほん》計画もできあがり、夏には大天守の石垣の積みなおしや、飯田丸五階《いいだまるごかい》やぐらの土台の石垣の解体《かいたい》も始まります。今年も事故《じこ》のないよう、安全に気をつけてください」

「はい！」

また、小天守の一階部分は地震被害《じしんひがい》が大きかったので、一度解体して再建《さいけん》することになりました。その工事も始まります。

四月三日、春の訪《おとず》れとともに、大天守の屋根に瓦《かわら》をのせていく作業が終わりました。そして、瓦と瓦のあいだに漆喰《しっくい》をぬっていく作業が始まりました。瓦と瓦のすきまなどから、雨水が入らないようにするためです。屋根の修復は、いよいよ仕上げの段階《だんかい》に入ったといえるでしょう。

「わくわく座《ざ》」で一般《いっぱん》公開されていたしゃちほこも、すでに工事を進める建設《けんせつ》会社の倉庫に収《おさ》められ、取りつけの日を待っています。

行幸坂《みゆきざか》の開放

桜《さくら》の季節になりました。恒例《こうれい》の「春のくまもとお城まつり」が、二の丸広場を中心にして開催《かいさい》されました。

全国の武将隊《ぶしょうたい》が集まる「戦国パーク」では武士《ぶし》の世界を体験できるイベントがあり、子どもから大人まで楽しみました。

桜の名所として知られている行幸坂《みゆきざか》は、いつもは工事車両しか通行できませんが、四日間にかぎって一般開放されました。この坂の美しい桜並木《なみき》をながめながら歩く人びとの姿《すがた》は、テレビの全国ニュースで放送

一般《いっぱん》開放された行幸坂《みゆきざか》の桜並木《さくらなみき》

されました。熊本の人たちにとって、熊本城がどれほど強い心の支《ささ》えになっているかが見てとれる映像《えいぞう》でした。

一般《いっぱん》開放のあいだ、四万七千人もの人が、行幸坂《みゆきざか》を歩きました。

城に魂《たましい》を入れる

さて、工事はどのように進んでいるのでしょう。

瓦《かわら》をのせる作業が終わり、四月三日に、大天守《だいてんしゅ》のてっぺんにのっていた白い仮設《かせつ》の屋根が撤去《てっきょ》されました。ふたたび、屋根瓦を見ることができるようになったのです。

四月二十八日に二の丸広場で、しゃちほこ復活《ふっかつ》のお祝いがありました。おおぜいの子どもたちがしゃちほこをさわり、歌を歌ってしゃちほこを大天守へと送りだしました。

屋根にのるそのときを見ようと、たくさんの人が二の丸広場に集まり、設置《せっち》作業を見守りました。

「おおっ！」

しゃちほこが屋根にのせられ、よろこびの声があがった瞬間《しゅんかん》、見上げるわたしの胸《むね》にも熱い思いがこみあげてきました。

積みなおしの数

七月に入り、大天守の石垣《いしがき》の積みなおしが始まりました。

「積みなおす石材の数って、どのくらいですか?」

と、質問《しつもん》する人がいました。

「大天守では、七百九十一個《こ》です」

わたしが答えると、

「えーっ、そんなに!?」

と、目をまるくしました。

「城全体では七万個ぐらいですよ」

大天守《だいてんしゅ》の土台の石垣《いしがき》の積みなおし

そうつけたすと、声も出ないようすでした。

できるかぎりもとの石材を使いますが、百七十個《こ》ほどは割《わ》れていました。それらは、石職人《しょくにん》の手作業で、もとの石材の形に新しくつくりなおします。

最初の石材がクレーンでつりあげられるようすには感動しました。復旧《ふっきゅう》工事にかかわる人たちの努力が、こうして実を結んでいくのです。

ここまで読んだみなさんは、

「文化財《ぶんかざい》を修復《しゅうふく》するって、いろいろな仕事があるんだ」

と、気づいていると思います。

そのとおりで、天守閣《てんしゅかく》ややぐらなどのように大がかりで派手《はで》な作業があるいっぽうで、石垣《いしがき》の積みなおしはこつこつという形容《けいよう》がぴったりの作業なのです。

文化財《ぶんかざい》と防災《ぼうさい》

第二章でわたしは、「城は、今の時代やこれからの時代に傷《きず》つくことがある」と言いました。そこで、熊本城の修復に際《さい》しては、この先に起こる災害に備《そな》えて、いろいろな工夫をしています。

わたしが見学に来た小学生たちに話したように、大天守の屋根の軽量化や、地震《じしん》の揺《ゆ》れを吸《きゅう》収《しゅう》するダンパーも組みこんだのが、そうです。

壁《かべ》のなかには新たな補強材《ほきょうざい》を入れ、地震にたえられる強度をもたせました。

柱と柱のあいだには、斜《なな》めにすじかいという補強材がわたしてあります。それを、もともとの数よりふやしています。

火事への備えは、建物の外側には手をくわえられない天守閣では、内部に消火設備《せつび》を整えました。カメラも設置《せっち》します。火事や台風などの

石垣《いしがき》のくずれを防《ふせ》ぐネット

ときに、すばやく状況《じょうきょう》をつかむためです。防犯《ぼうはん》にも役立ちます。

また、地震《じしん》で石垣《いしがき》がどのようにくずれるかがわかったので、避難誘導《ひなんゆうどう》のための経路《けいろ》を整えたり、石垣のくずれを防《ふせ》ぐためにネットを張《は》ったりすることも、今回の地震で生まれた工夫です。

さらに、小天守《しょうてんしゅ》入り口の石垣には、石の動きをおさえる特殊《とくしゅ》なシートを石のあいだにはさんで、積みなおしました。文化財《ぶんかざい》を大切にしながら、見学に来る人たちの安全も守っていきます。

熊本地震で学んだ熊本城の防災《ぼうさい》については、これから全国の城に生かされていくことでしょう。

わたしの役割《やくわり》

わたしが城内の修復《しゅうふく》現場《げんば》に行くのは、今では月に一度ほどです。

では、わたしがなにをしているのかというと、文化財としての熊本城の修復だけでなく、公園としての熊本城、観光地としての熊本城の活用や運営《うんえい》などに関する仕事を、熊本城総合事務所《そうごうじむしょ》の所長として、全体的に取りまとめています。

熊本城総合事務所や熊本城調査《ちょうさ》研究センターには、

「工事が長すぎる」

「復旧《ふっきゅう》に二十年もかかるはずがない」

といった声が寄《よ》せられることがあります。なかには、

「自分だったら、天守閣《てんしゅかく》は一か月でやる」

とまで言ってくる人もいます。

そのどれもが、熊本城を愛するがゆえの発言だとはわかるのですが、文化財の修復には突貫《とっかん》工事がありえないことを、めんどうがらず、ていねいに、しっかりと伝えていく。わたしは心して守っています。

「市民の生活再建《さいけん》がまだ終わっていないのに、熊本城ばかり急いで工事するのはまちがっている」

「城よりも、病院や学校の工事が先だ」

「熊本城ではなく市民の生活のためにお金を使うべきだ」

と、言われることもあります。

もちろん、市民の生活再建《さいけん》が最優先《さいゆうせん》です。けっして病院や学校をあと回しにはしていません。

わたしたちには、大切なものがたくさんあります。その一つ一つを、ていねいに復旧《ふっきゅう》していかなければなりません。みんなで心から復興《ふっこう》をよろこぶことができるように、熊本城の修復《しゅうふく》もこつこつと進めています。

そして熊本城の修復が終わったとき、応援《おうえん》してくれたみなさんが「よくやった」と言ってくれるように、みんながこれからも百年、二百年と、熊本城を大切にしていこうと思えるように、毎日がんばっています。

第七章　熊本城復活《ふっかつ》大作戦・二〇一九年

特別公開に向けて

二〇一九年の秋にはいよいよ、特別公開を予定しています。ラグビーワールドカップの予選や、女子ハンドボールの世界選手権《せんしゅけん》が熊本で開かれることにあわせて、公開をめざすことになったのです。

「完全に復活《ふっかつ》するまで、まだまだかかる。この先二十年の熊本城のことを理解《りかい》してもらうためにも、大切な特別公開になる」

と、わたしは気を引きしめました。

特別公開第一弾《だいいちだん》では、工事用の大型車《おおがたしゃ》を通すためのスロープを使った見学コースをつくり、天守閣《てんしゅかく》をまぢかで見てもらうようにします。

大天守《だいてんしゅ》では、二〇一八年の七月から始まった石垣《いしがき》の積みなおしが十一月に終わったので、一月から工事用の足場の解体《かいたい》を始めました。内部では、強い地震《じしん》に備《そな》える耐震《たいしん》工事や、観光客が出入りする部分の安全工事が進められています。

小天守では、一月に始めた石垣の積みなおしが六月に終わりましたが、再建《さいけん》工事や瓦《かわら》をのせる工事が続いているので、まだ足場におおわれています。

二〇二一年の春には天守閣《てんしゅかく》の内部を公開することをめざして、工事が進められています。

また、特別公開第二弾《だいにだん》から使う見学通路の工事も始まりました。通路の周辺には、石垣がくずれた場所がたくさんあり、石材が転がっています。それらを回収《かいしゅう》し、石垣がくずれないようにしました。

さまざまな調査《ちょうさ》

土台の石垣がくずれ、石材の回収が終わった飯田丸五階《いいだまるごかい》やぐらは、建物解体が二〇一八年の十二月から始まりました。土台の石垣をなおすためです。六月に建物解体が終わり、やぐらを支《ささ》えていた石垣も一部解体され、「奇跡《きせき》の一本石垣」は姿《すがた》を消しました。

やぐらがなくなり、地震で形が変わってしまった土台の石垣を解体していくと、そのなかから加藤清正《かとうきよまさ》が城をつくった当時の古い石垣があらわれました。

修復《しゅうふく》作業が始まったころに、わたしが熊本城調査《ちょうさ》研究センターの担当者《たんとうしゃ》に「ふつうなら石垣をわざわざくずさないと見られないことが、修復していく

加藤清正《かとうきよまさ》が城をつくった当時の石垣《いしがき》

ときには見られる」と言っていたのは、このことです。土台の石垣《いしがき》の修復《しゅうふく》が終わるとふたたび見られなくなるので、このチャンスにくわしく調査《ちょうさ》をしました。

歴史的に重要な建物として、国が重要文化財《ぶんかざい》にしている長塀《ながべい》も、地震《じしん》で大きくくずれました。長塀は天守閣《てんしゅかく》の南にあり、熊本城の境界《きょうかい》にそってつくられているから、城のまわりを歩けば、自然と目にする建物です。

修復工事が始まる前に、発掘《はっくつ》調査をしました。長塀の修復をどう進めるかの参考にするためです。二月から、で

長塀《ながべい》の発掘調査《はっくつちょうさ》

きるだけもとの部材を使ってなおす作業が進められています。

いざ、開門

十月なのに気温が三十度をこえ、待ちに待ったこの日を祝うような、真っ青な秋空が広がっています。十月五日、午前中からの式典が終わった午後一時、いよいよ特別公開が始まりました。熊本城おもてなし武《ぶ》将隊《しょうたい》の加藤清正《かとうきよまさ》さんが開門を高らかに告《つ》げると、たくさんの人が目に涙《なみだ》をうかべていました。

通れるようになったのは、二の丸広場から天守閣前の広場までのおよそ四百五十メー

長塀《ながべい》の修復《しゅうふく》作業

トル。工事のために大型車《おおがたしゃ》が通るスロープを二か所つないだコースです。

「ようこそ、熊本城においでくださった」

入り口にあたる西大手門で、熊本城おもてなし武将隊《ぶしょうたい》が出迎《でむか》えてくれます。

たくさんの人たちが笑顔《えがお》で、天守閣《てんしゅかく》に向かって進みます。三年半ぶりに大天守の姿《すがた》がよみがえったのですから、顔がほころぶのもとうぜんです。ラグビーワールドカップの観戦に来たのでしょう、応援《おうえん》のジャージを身につけた外国人観光客の姿もたくさん見かけます。

ネットが張《は》られた石垣《いしがき》のすきまをぬうようにして天守閣の前にたどりつく

ラグビー観戦の前にやってきた
フランスからの観光客

西大手門で出迎《でむか》える、
熊本城おもてなし武将隊《ぶしょうたい》

と、青い空に向かってそびえる大天守の、瓦《かわら》と瓦のあいだにぬった真っ白な漆喰《しっくい》と、黒い板塀《いたべい》があざやかに目に飛びこんできます。あまりの美しさに、みんながカメラのシャッターを切っています。見知らぬどうしが、天守閣をバックに写真をとりあっていました。

「こんなに近くまで来られるようになったんだ」

「きれいに修復《しゅうふく》されて、ほんとによかった」

「天守閣の前から熊本の街を見下ろすのは、ひさしぶりだな」

大天守《だいてんしゅ》を見上げる人たち

みんなが口ぐちに、そんなことを言っています。

そうかと思えば、

「まだまだ、修復《しゅうふく》に向けて手がついていない場所も多いなあ」

と、倒壊《とうかい》した続《つづき》やぐらの部分が解体《かいたい》された宇土《うと》やぐらや、以前は天守閣《てんしゅかく》への通路だったところでくずれている石垣《いしがき》を見ながらつぶやく人もいました。

工事しながらの公開

熊本城おもてなし武将隊《ぶしょうたい》は、

「震災《しんさい》から三年半。われわれも天守閣に近づくことができなかった。以前とは見える

震災《しんさい》前の天守閣《てんしゅかく》への通路にくずれている石垣《いしがき》

けしきはちがうが、この日を迎《むか》えられ、感無量。まずは、第一歩がふみだせた」と、力強く話してくれました。

天守閣の周辺など、立ち入り規制区域《きせいくいき》には決められたヘルメットを着用しないと入れません。ところが武将隊は、かぶとのかわりにヘルメットをつけるわけにはいかなかったのです。

武将隊が言うように、小天守にはまだ足場があり、クレーンのアームが高くのびていて、震災前の天守閣とはようすがことなります。震災でくずれた当時のままの建物や石垣もあります。修復工事は、まだまだ始まったばかりです。

特別公開が始まった五日の午後と、翌《よく》六日で一万人以上の人が訪《おとず》れました。これでよ

ネットが張《は》られた見学コースわきの石垣《いしがき》と宇土《うと》やぐら

うやく、いっぽうで修復《しゅうふく》工事に専《せん》念《ねん》しながら、いっぽうで復旧《ふっきゅう》していく熊本城の姿《すがた》を公開するという、新たなスタートを切ることができました。

修復のようすをいつでも見学できる特別見学通路も建設中《けんせつちゅう》で、二〇二〇年春に公開の予定です。また、天守閣《てんしゅかく》が完全に復旧し、内部を見ることができるようになるのは二〇二一年の春で、特別公開の第三弾《だいさんだん》です。

復活《ふっかつ》に向けて、一歩一歩進んでいく熊本城。みなさんもぜひ、そ

修復《しゅうふく》が進められる天守閣《てんしゅかく》

のようすを見学に来てください。多くの人たちが見学に来ることで、修復や公開にかかわる人たちがはげまされ、熊本城が復興《ふっこう》に向かう大きな力になるのです。そして、未来に向けて熊本城を大切に守り伝えてください。

熊本の中心街から見守ることができる大天守《だいてんしゅ》

解説《かいせつ》——熊本城を未来に残していくということ

熊本城総合事務所所長《そうごうじむしょ》　網田龍生《あみたたつお》

大天守《だいてんしゅ》の修復《しゅうふく》工事中に、高さ十メートルほどの石垣《いしがき》のあいだから現代《げんだい》のお金が何枚《なんまい》も見つかりました。この石垣は「武者返し《むしゃがえし》」とよばれ、忍者《にんじゃ》でも登ることはできないといわれてきました。そんな高さまで登れた人を見たことがありません。いつ、だれが、なんのために置いたお金なのかは、なぞです。まだまだ、熊本城にはなぞがいっぱいあります。

熊本城は二十年をかけて大修理をしていきますが、そのあいだに発掘調査《はっくつちょうさ》や文献《ぶんけん》調査、建物・石垣の解体《かいたい》調査など、さまざまな調査研究を進めていきます。科学的な実験もおこないます。二十年間のなぞとき調査が始まっているようなものです。

日本にはたくさんの城がありますが、こんなに大規模《だいきぼ》な調査研究がおこなわれる城は初めてでしょう。たくさんのなぞが見つかり、おそらく日本一研究が進んだ城になるはずです。大きな楽しみでもあります。

わたしたち熊本城の職員《しょくいん》は、地震《じしん》でこわれた熊本城を前に、悲しんでいただけではありません。被災《ひさい》直後から、すぐに復旧《ふっきゅう》・復興《ふっこう》への準備《じゅんび》に着手しました。「どうして、そんなに前向きになれるのか」と質問《しつもん》されましたが、それは熊本地震が起きたとき、熊本城で死傷者《ししょうしゃ》がいなかったからだと思っています。悲しみや心配は、「がんばって、もとにもどそう」という期待と、「みんなで力を合わせて」という応援《おうえん》に変わっていくことで、わたしたち職員も勇気づけられ、前向きな気持ちで取りくむことができました。だから、よろこびも楽しみもたくさんあるのです。

じつは熊本城の職員には、いろいろな種類の専門家《せんもんか》がいます。石垣、建物、土木工事、修理工事、公園管理、植物、機械、水道設備《せつび》、防災《ぼうさい》、考古学、日本史、お金の計算などです。熊本城の復旧のためには、多くの種類の仕事があります。熊本城の専門家が集まっているのではなく、それぞれの仕事の専門家が熊本城に集まっているのです。

今、熊本城には八十人以上の職員《しょくいん》がいます。なかには熊本市以外の市や、他県から応援《おうえん》に来ている職員もいます。ほかに警備《けいび》、建築《けんちく》、土木、観光、清掃《せいそう》などの会社の職員も合わせると、毎日数百人が熊本城で仕事をしています。ほんとうにたくさんの人たちが力を合わせて、熊本城の復旧《ふっきゅう》を進めているのです。そして毎日数千人が熊本城を見にきて、応援してくれているのです。

この本には熊本城のことだけが書かれていますが、熊本地震《じしん》では、ほかにも被害《ひがい》を受けた文化財《ぶんかざい》がたくさんありました。装飾古墳《そうしょくこふん》、石橋、神社、寺、古家、古文書《こもんじょ》、美術品《びじゅつひん》などです。これらはすべて熊本の宝物《たからもの》なので、熊本城と同じようにしっかりと修復《しゅうふく》し、未来に伝えていかなければなりません。それぞれの場所で、多くの人たちががんばっています。

熊本城の復活《ふっかつ》大作戦はたいへんな仕事ですが、わたしはかならず成しとげられると信じています。「信じています」というのは、二十年計画なので、わたしが最後までこの仕事にかかわることはないはずだからです。かならず、次の人にバトンをわたすことになります。だからこそ、今の仕事をしっかりとていねいに、責任《せきにん》をもってやらなければならないと決意しています。この本を読んだあなたが、将来《しょうらい》、そのバトンの一つを受けとってくれることを期待しています。

ところで、あなたは熊本城に来たことがありますか。

熊本に住んでいる人なら、まず熊本城に来てください。そして、何度も何度も来て、どのように熊本城がこわれたのか、熊本城がどのように復活していくのかをあなたの目で確認《かくにん》してください。遠くに住んでいる人も、大人になってからでもよいので、熊本城にかならず来てください。

熊本城の修復が終わり、この復活大作戦が完了《かんりょう》するとき、あなたはすっかり大人になっています。もしかしたら、今のあなたと同じくらいの子どもがそばにいるかもしれません。熊本城がどのようにして復活したのか、あなたが子どもたちに伝えてください。そうやって熊本城を未来に残していくことが、わたしたちの願いです。

わたしたちのそうした思いが紹介《しょうかい》された新聞記事を読んでくださった作家の佐和《さわ》みずえさんが、「子どもたちにも伝えたい」とのことでこの本をつくることになりました。三年間根気強く取材を続け、書きあげてくださった佐和さん、そしてくもん出版《しゅっぱん》の谷さんも、熊本城復活《ふっかつ》大作戦の功労者です。感謝《かんしゃ》いたします。

写真提供

熊本城総合事務所（p1、p12、p13、p16、p17、p19、p24、p25、p26、p29、p30、p31、p43、p44上・中、p46、p47、p52、p54、p56、p57、p58、p60、p64、p65、p69、p71、p74、p75、p76、p77、p78、p80、p82、p87、p89、p97、p98、p99）

佐賀県（p35）　対馬市教育委員会（p36）　寄居町教育委員会（p37）
滋賀県教育委員会（p38、p39）

＊記載のない写真はくもん出版撮影

おもな参考文献

『復興　熊本城　Vol.1』（2017年　熊本市・熊本日日新聞社）

『復興　熊本城　Vol.2』（2018年　熊本市・熊本日日新聞社）

『復興　熊本城　Vol.3』（2019年　熊本市・熊本日日新聞社）

『ビジュアルワイド　図解　日本の城・城合戦』
（小和田泰経／著　2016年　西東社）

『名城と城主（エイムック3548　別冊Discover Japan CULTURE）』
（西ヶ谷恭弘／監修　ディスカバージャパン編集部／編　2016年　枻出版社）

『熊本城物語（中村彰彦　史伝シリーズ　歴史の裏に真あり１）』
（中村彰彦／著　2017年　自由社）

監修・解説：網田龍生（熊本城総合事務所所長）

著者：佐和みずえ（さわ　みずえ）
愛媛県生まれ。一卵性の双子で、「佐和みずえ」は二人で共有するペンネーム。大学卒業後、少女漫画の原作者として執筆活動に入る。漫画の原作を書くかたわら、多くの少女小説や児童書を手がける。著書に『よみがえる二百年前のピアノ』『パオズになったおひなさま』『チョコレート物語』（ともに、くもん出版）、『鷹匠は女子高生！』『走る動物病院』（ともに、汐文社）、『草原の風の詩』（西村書店）などがある。

協力：熊本城おもてなし武将隊

装丁・デザイン、図版制作
㈱スプーン

熊本城復活大作戦
地震から二十年かけて進む道のり

2020年3月26日　初版第1刷発行

著　者　佐和みずえ
発行人　志村直人
発行所　株式会社くもん出版
〒108-8617　東京都港区高輪4-10-18　京急第1ビル13F
電　話　03-6836-0301（代表）
03-6836-0317（編集部直通）
03-6836-0305（営業部直通）
ホームページアドレス　https://www.kumonshuppan.com/
印　刷　共同印刷株式会社

NDC916・くもん出版・112P・22cm・2020年・ISBN978-4-7743-2723-5

CD34590